AF216590

Impressum
Verlag: BABADADA GmbH, Nedderfeld 112 , 22529 Hamburg
Geschäftsführer / Verlagsleitung: Harald Hof
Druck: Books on Demand GmbH, In de Tarpen 42, 22848 Norderstedt

Imprint
Publisher: BABADADA GmbH, Nedderfeld 112 , 22529 Hamburg, Germany
Managing Director / Publishing direction: Harald Hof
Print: Books on Demand GmbH, In de Tarpen 42, 22848 Norderstedt, Germany

школа

d Schuel

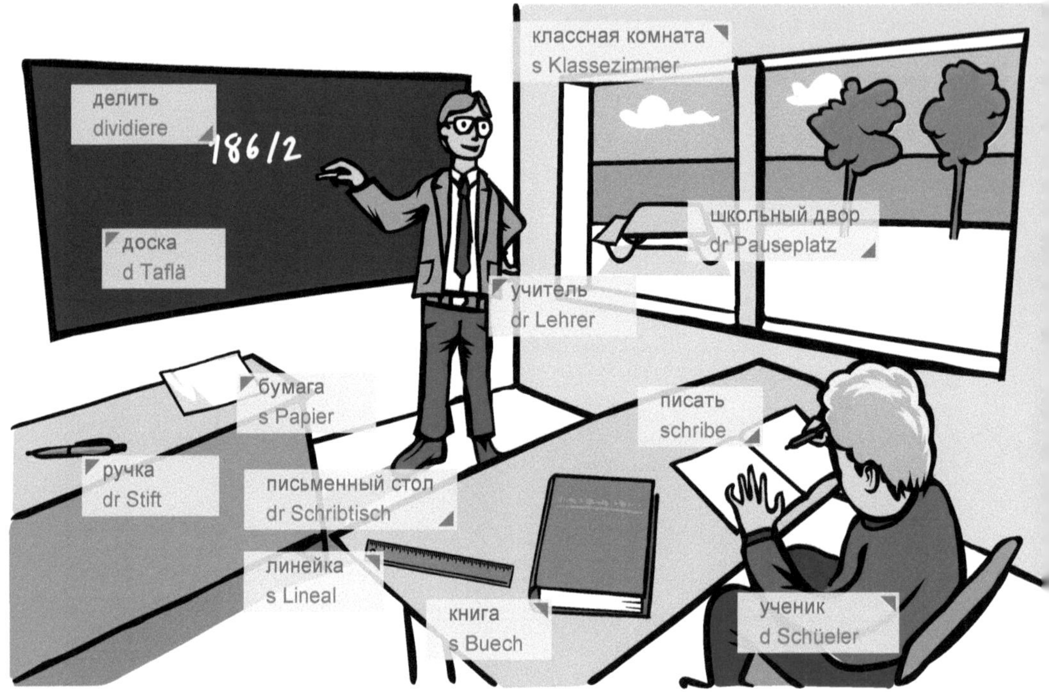
классная комната
s Klassezimmer
делить
dividiere
186/2
доска
d Taflä
школьный двор
dr Pauseplatz
учитель
dr Lehrer
бумага
s Papier
писать
schribe
ручка
dr Stift
письменный стол
dr Schribtisch
линейка
s Lineal
книга
s Buech
ученик
d Schüeler

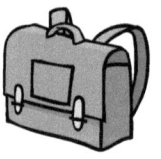

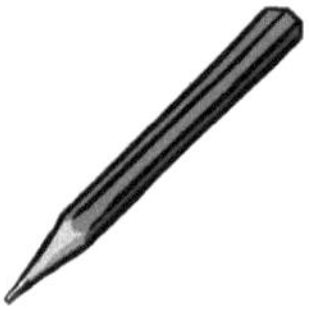

ранец	пенал	карандаш
dr Thek	s Etui	dr Bleistift
точилка	ластик	альбом для рисования
dr Spitzer	s Radiergummi	dr Zeicheblock

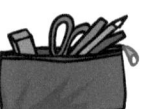

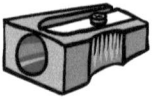

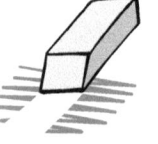

рисунок

d Zeichnig

кисточка

dr Pinsel

коробка красок

dr Malchaschte

ножницы

d Schär

клей

dr Liim

тетрадь

s Üebigsheft

домашняя работа

d Huusufgabe

12

цифра

d Zahl

2+2

прибавлять

addiere

5-2

вычитать

subtrahiere

2×2

умножать

multipliziere

считать

rächne

A

буква

dr Buechstabe

ABCDEFG
HIJKLMN
OPQRSTU
VWXYZ

алфавит

s Alphabet

hello

слово

s Wort

текст

dr Text

читать

läse

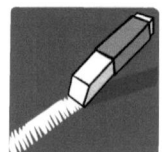

мел

d Kriide

урок

d Lektion

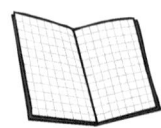

классный журнал

s Klassäbuech

экзамен

d Prüefig

диплом

s Zügnis

школьная форма

d Schueluniform

образование

d Usbildig

энциклопедия

d Enzyklopädie

университет

d Universität

микроскоп

s Mikroskop

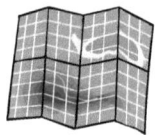

карта

d Charte

корзина для бумаг

dr Papierchorb

путешествие

d Reis

гостиница
s Hotel
Grand
турбаза
d Härbärg
ROOMS
CHANGE
пункт обмена валюты
d Wächselstube
чемодан
dr Koffer
автомобиль
s Auto

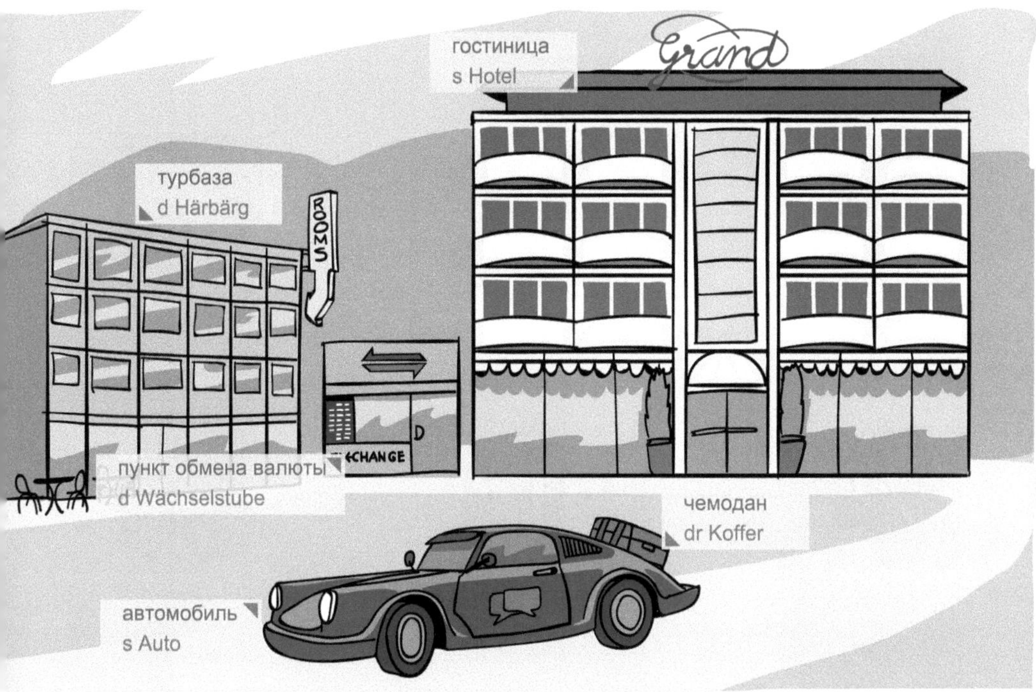

язык

d Sprach

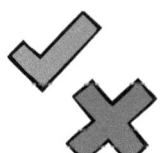

да / нет

jo / nei

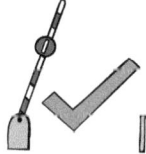

хорошо

okay

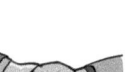

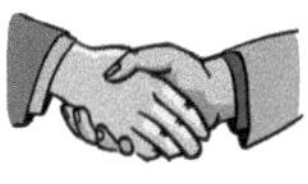

Привет

Hallo

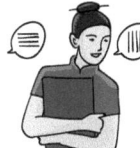

переводчик

dr Dolmetscher

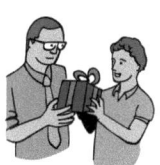

Спасибо

Dankä

Сколько стоит...?

Was chostet...?

Я не понимаю

Ich vrstahs nöd

проблема

s Problem

Добрый вечер!

Guete Abig!

Доброе утро!

guete Morgä!

Доброй ночи!

guete Abig!

До свидания

Uf Wiederseh

направление

d Richtig

багаж

s Bagaasch

сумка

d Täsche

рюкзак

dr Rucksack

гость

dr Gast

комната

dr Ruum

спальный мешок

dr Schlafsack

палатка

s Zält

туристическая
информация
d Touristeninformation

пляж

dr Strand

кредитная карточка

d Kreditkarte

завтрак

s Zmorge

обед

s Zmittag

ужин

s Znacht

билет

s Billet

лифт

dr Ufzug

почтовая марка

d Briefmarke

граница

d Gränze

таможня

dr Zoll

посольство

d Botschaft

виза

s Visum

паспорт

dr Pass

транспорт

dr Transport

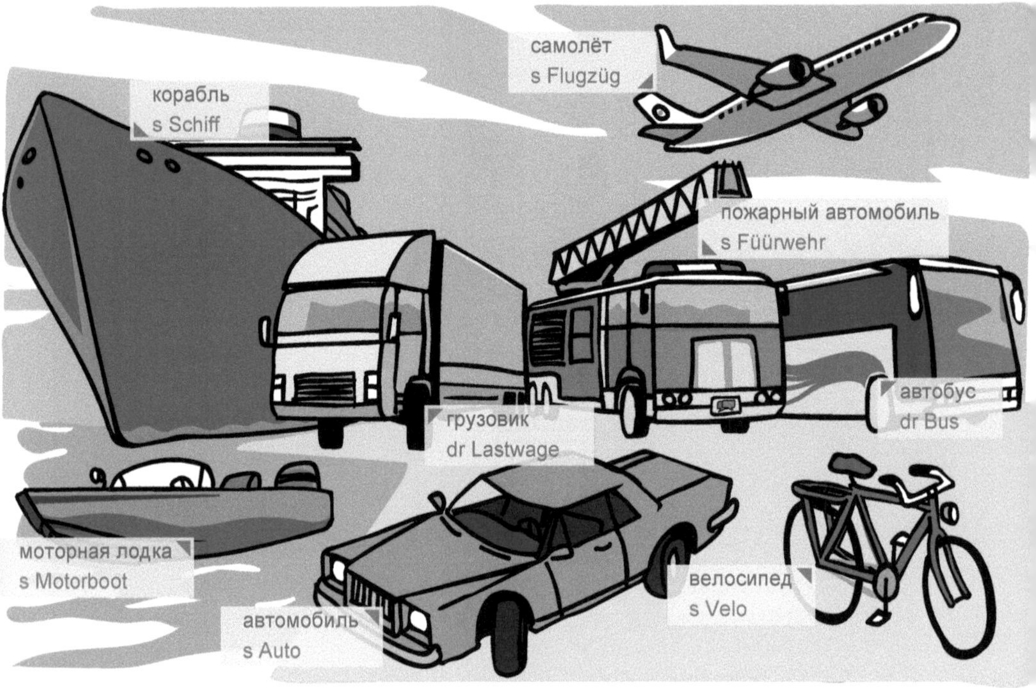
самолёт
s Flugzüg
корабль
s Schiff
пожарный автомобиль
s Füürwehr
автобус
dr Bus
грузовик
dr Lastwage
моторная лодка
s Motorboot
велосипед
s Velo
автомобиль
s Auto

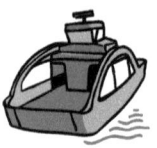

паром

d Fähri

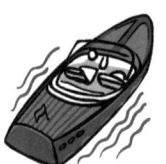

лодка

s Boot

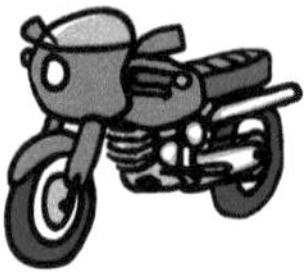

мотоцикл

s Töff

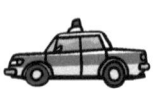

полицейский автомобиль

s Polizeiauto

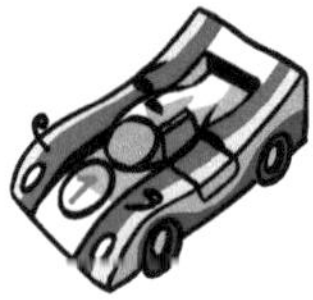

гоночный автомобиль

s Rännauto

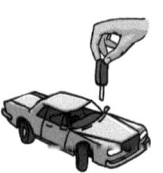

арендованный автомобиль

dr Mietwage

совместное пользование
автомобилями

s Carsharing

буксировочный
автомобиль
dr Abschleppwage

мусоровоз

dr Chübelwage

двигатель

dr Motor

топливо

s Benzin

заправка

d Tankstell

дорожный знак

s Verkehrsschild

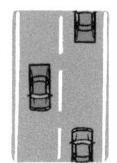

движение

dr Verchehr

пробка

dr Stau

автостоянка

dr Parkplatz

вокзал

dr Bahnhof

рельсы

d Schiene

поезд

dr Zug

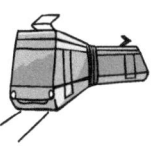

трамвай

d Strassebahn

вагон

dr Wagon

вертолёт

dr Helikopter

аэропорт

dr Flughafe

вышка

dr Tower

пассажир

dr Passagier

контейнер

dr Container

коробка

dr Karton

тележка

dr Chare

корзина

dr Korb

взлетать / приземляться

starte / lande

город

d Stadt

деревня

s Dorf

центр города

s Stadtzentrum

дом

s Huus

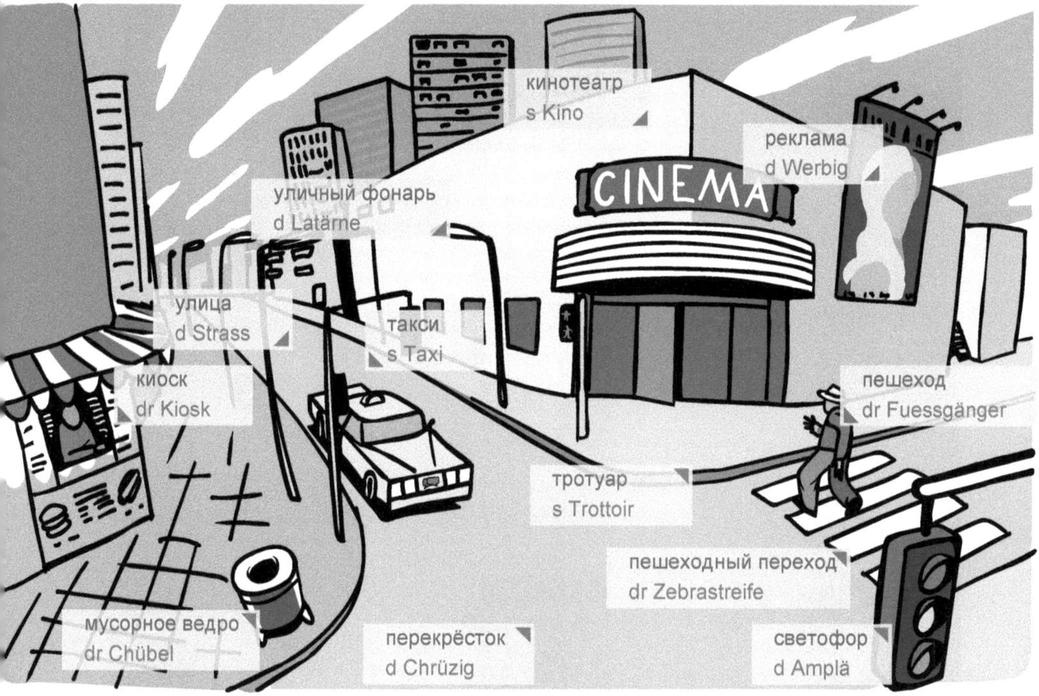

кинотеатр
s Kino

реклама
d Werbig

уличный фонарь
d Latärne

CINEMA

улица
d Strass

такси
s Taxi

киоск
dr Kiosk

пешеход
dr Fuessgänger

тротуар
s Trottoir

пешеходный переход
dr Zebrastreife

мусорное ведро
dr Chübel

перекрёсток
d Chrüzig

светофор
d Amplä

хижина
d Hütte

квартира
d Wohnig

вокзал
dr Bahnhof

ратуша
s Gmeindshuus

музей
s Museum

школа
d Schuel

университет

d Universität

банк

d Bank

больница

s Spital

гостиница

s Hotel

аптека

d Apotheke

офис

s Büro

книжный магазин

s Buechgschäft

магазин

s Gschäft

цветочный магазин

dr Bluemelade

супермаркет

dr Läbensmittellade

рынок

dr Märt

универмаг

s Chaufhuus

торговец рыбой

dr Fischhändler

торговый центр

s Iihkaufszentrum

порт

dr Hafe

парк

dr Park

скамейка

d Bank

мост

d Brugg

лестница

d Stäge

метро

d U-Bahn

тоннель

dr Tunnell

автобусная остановка

d Bushaltestell

бар

d Bar

ресторан

s Restaurant

почтовый ящик

dr Briefchastä

табличка с названием улицы

s Strasseschild

паркометр

d Parkuhr

зоопарк

dr Zolli

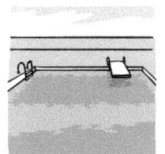

бассейн

d Badi

мечеть

d Moschee

ферма

dr Buurehof

загрязнение окружающей среды

d Umwältvrschmutzig

кладбище

dr Fridhof

церковь

d Chile

детская площадка

dr Spielplatz

храм

dr Tämpel

ландшафт
d Landschaft

лист
s Blatt

дорожный указатель
dr Wägwiiser

дорога
dr Wäg

луг
d Wise

камень
dr Stei

дерево
dr Baum

путешественник
dr Wanderer

река
dr Fluss

трава
s Gras

цветок
d Bluamä

долина

s Tal

гора

dr Bärg

озеро

dr See

лес

dr Wald

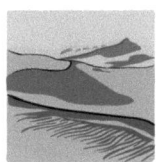

пустыня

d Wüeschti

вулкан

dr Vulkan

замок

s Schloss

радуга

dr Rägeboge

гриб

dr Pilz

пальма

d Palme

комар

dr Moskito

муха

d Fliege

муравей

d Ameise

пчела

s Biendli

паук

d Spinne

жук

dr Chäfer

лягушка

dr Frosch

белка

s Eichhörnli

еж

dr Igel

заяц

dr Haas

сова

d Üle

птица

d Vogu

лебедь

dr Schwan

кабан

s Wildschwein

олень

dr Hirsch

лось

dr Elch

плотина

dr Damm

ветряной генератор

d Windturbine

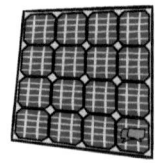

солнечная батарея

dr Sunnekollektor

климат

s Klima

ресторан
s Restaurant

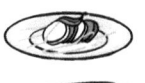

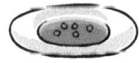

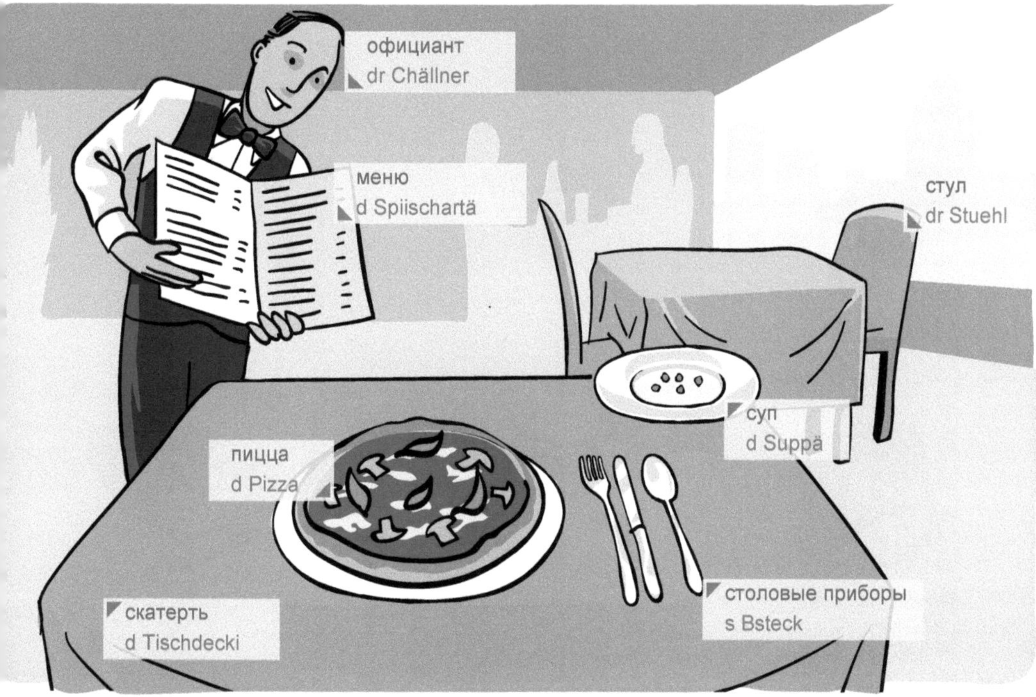
официант
dr Chällner
меню
d Spiischartä
стул
dr Stuehl
суп
d Suppä
пицца
d Pizza
скатерть
d Tischdecki
столовые приборы
s Bsteck

закуска
d Vorspiies

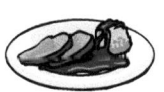

главное блюдо
s Hauptgricht

десерт
s Dessert

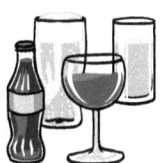

напитки
s Getränk

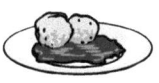

еда
d Läbensmittel

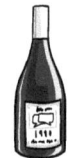

бутылка
d Fläsche

фастфуд

s Fast Food

уличная еда

s Street Food

чайник

d Teechanne

сахарница

d Zuckerdosä

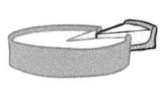

порция

d Portion

кофеварка

d Espressomaschine

детский стульчик

dr Hochstuehl

счет

d Rächnig

поднос

s Tablett

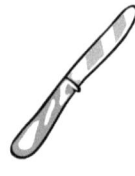

нож

s Mässer

вилка

d Gable

ложка

dr Löffel

чайная ложка

dr Teelöffel

салфетка

d Serviette

стакан

s Glas

ресторан - s Restaurant

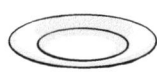

тарелка

dr Täller

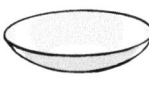

суповая тарелка

dr Suppetällär

блюдце

d Untertasse

соус

d Sose

солонка

dr Salzstreuer

мельница для перца

d Pfäffermühli

уксус

dr Essig

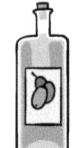

масло

s Öl

специи

d Gwürz

кетчуп

ds Ketchup

горчица

dr Sänf

майонез

d Mayonnaise

супермаркет
dr Läbensmittellade

специальное предложение
s Ahgebot
FOR
покупатель
dr Chund
молочные продукты
d Milchprodukt
фрукты
d Frücht
тележка для покупок
dr Iichaufswage

BUTCHERS

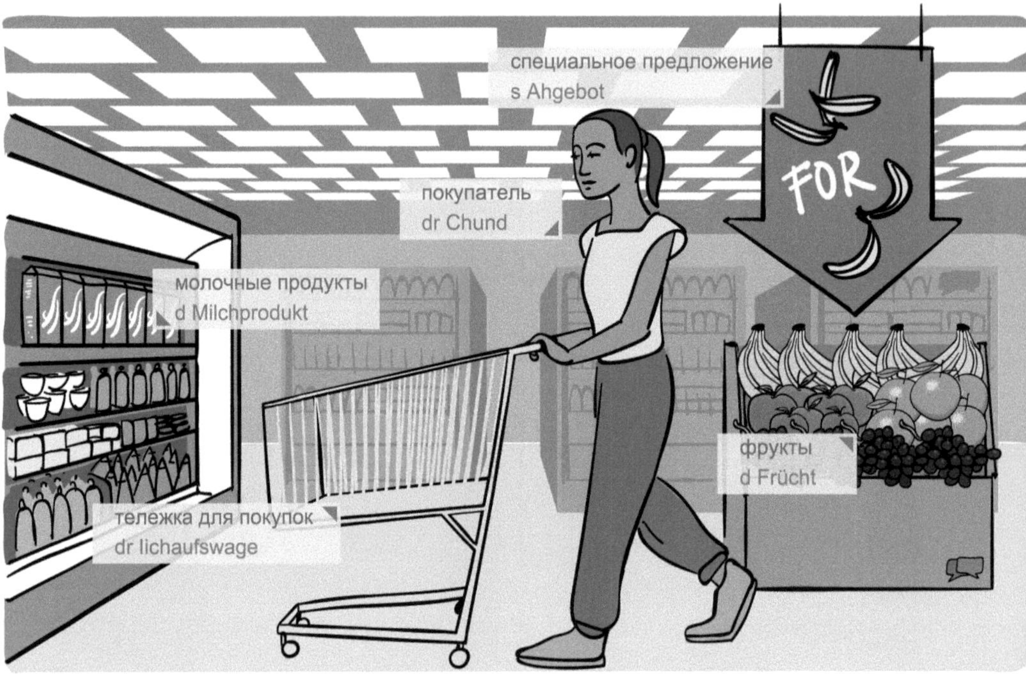

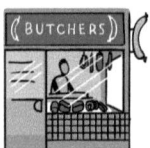

мясной магазин

dr Schlachter

BAKERY

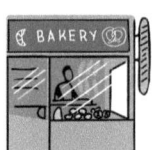

пекарня

dr Beck

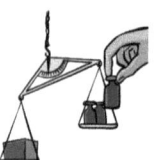

взвешивать

wiege

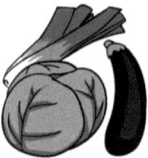

овощи

s Gmües

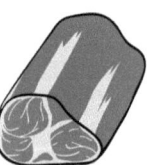

мясо

s Fleisch

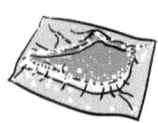

быстрозамороженные продукты

d Tiefkühlprodukt

нарезка

dr Ufschnitt

консервы

d Konsärve

стиральный порошок

s Wöschmittel

сладости

d Süessigkeite

предмет домашнего обихода

d Huushaltartikel

моющее средство

s Putzmittel

продавщица

d Verchäuferin

касса

d Kassä

кассир

dr Kassierer

список покупок

d Ihchaufsliste

время работы

d Öffnigszite

бумажник

s Portemonnaie

кредитная карточка

d Kreditkarte

сумка

d Täsche

полиэтиленовый пакет

dr Plastiksack

вода

s Wasser

сок

dr Saft

молоко

d Milch

кока-кола

d Cola

вино

dr Wii

пиво

s Bier

алкоголь

dr Alkohol

какао

s Ovi

чай

dr Tee

кофе

dr Kafi

эспрессо

dr Espresso

капучино

dr Cappuccino

банан

d Banane

яблоко

dr Öpfel

апельсин

d Orange

арбуз

d Melone

лимон

d Zitrone

морковь

s Rüebli

чеснок

dr chnoobli

бамбук

dr Bambus

лук

d Zwiblä

гриб

dr Pilz

орехи

d Nüss

лапша

d Nudle

спагетти

d Spaghetti

рис

dr Riis

салат

dr Salat

картофель фри

d Pommfrit

жареный картофель

d Bratherdöpfel

пицца

d Pizza

гамбургер

dr Hamburgär

сэндвич

s Sandwich

шницель

s Gotlett

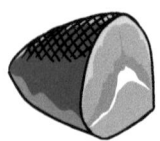

ветчина

dr Schinkä

салями

d Salami

колбаса

s Würschtli

курица

s Huehn

жаркое

dr Bratä

рыба

dr Fisch

овсяные хлопья

d Haferflocke

мюсли

s Müesli

кукурузные хлопья

d Cornflakes

мука

s Mähl

круассан

s Gipfeli

булочка

s Brötli

хлеб

s Brot

тост

dr Toscht

печенье

s Guetzli

масло

d Butter

творог

dr Quark

пирог

dr Chueche

яйцо

s Ei

яичница

s Spiegelei

сыр

dr Chäs

мороженое

d Glace

сахар

dr Zucker

мёд

dr Honig

мармелад

d Gonfi

крем с нугой

d Nougat-Creme

карри

s Curry

ферма
dr Buurehof

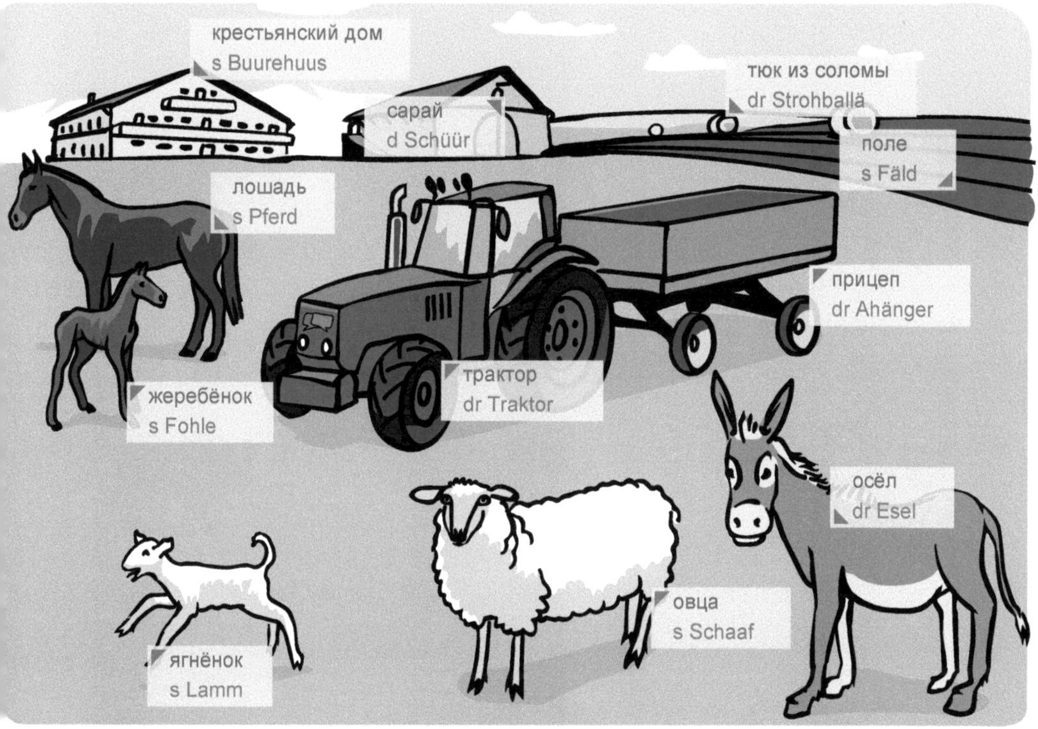
крестьянский дом
s Buurehuus
сарай
d Schüür
тюк из соломы
dr Strohballä
поле
s Fäld
лошадь
s Pferd
прицеп
dr Ahänger
трактор
dr Traktor
жеребёнок
s Fohle
осёл
dr Esel
овца
s Schaaf
ягнёнок
s Lamm

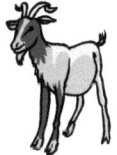

коза

d Geiss

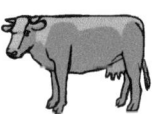

корова

d Chueh

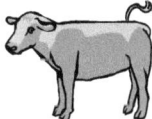

телёнок

s Chalb

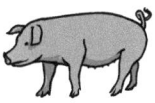

свинья

d Sau

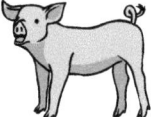

поросёнок

s Ferkel

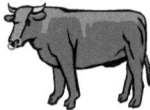

бык

s Rind

гусь

d Gans

утка

d Änte

цыплёнок

s Küke

курица

s Huähn

петух

dr Güggel

крыса

d Ratte

кошка

d Chatz

мышь

d Muus

вол

dr Ochse

собака

dr Hund

конура

d Hundehütte

садовый шланг

dr Garteschluuch

лейка

d Giesschanne

коса

d Sägese

плуг

dr Pflueg

серп

d Sichel

мотыга

d Hacke

навозные вилы

d Heugable

топор

d Axt

тачка

d Garette

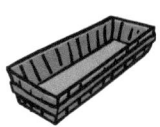

корыто

dr Trog

бидон для молока

d Milchchanne

мешок

dr Sack

забор

dr Haag

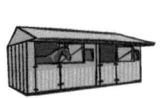

хлев

dr Gadä

теплица

s Gwächshuus

почва

dr Bode

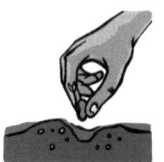

посев

dr Soome

удобрение

dr Dünger

комбайн

dr Mähdrescher

собирать урожай

ärnte

урожай

d Ärnte

ямс

d Yamswurzle

пшеница

dr Weize

соя

s Soja

картофель

dr Härdöpfel

кукуруза

dr Mais

рапс

dr Raps

фруктовое дерево

dr Obstbaum

маниок

dr Maniok

злаки

s Getreide

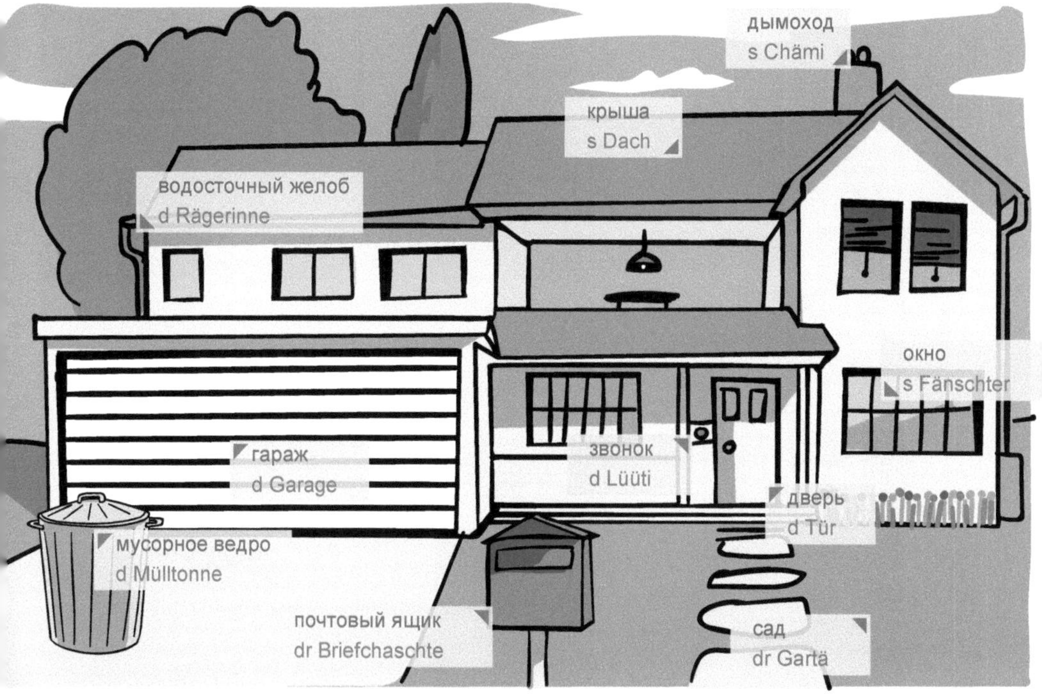

дымоход
s Chämi

крыша
s Dach

водосточный желоб
d Rägerinne

окно
s Fänschter

гараж
d Garage

звонок
d Lüüti

дверь
d Tür

мусорное ведро
d Mülltonne

почтовый ящик
dr Briefchaschte

сад
dr Gartä

гостиная

s Stubä

ванная комната

s Badzimmer

кухня

d Chuchi

спальня

s Schlofzimmer

детская комната

s Chinderzimmer

столовая

s Ässzimmer

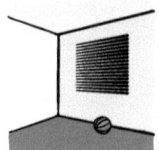

пол

dr Bodä

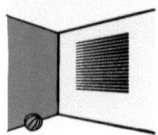

стена

d Wand

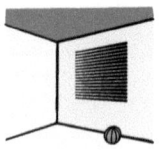

потолок

d Decki

подвал

dr Chäller

сауна

d Sauna

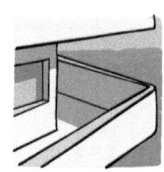

балкон

dr Balkon

терраса

d Terasse

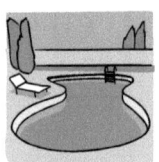

бассейн

s Pool

газонокосилка

dr Rasemäier

пододеяльник

dr Bettbezug

покрывало

d Bettdecki

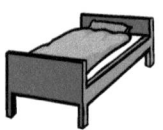

кровать

s Bett

метла

dr Bäse

ведро

dr Chübel

выключатель

dr Schalter

гостиная

s Stubä

обои
d Tapete
рисунок
s Bild
лампа
d Lampä
полка
s Regal
шкаф
dr Schrank
телевизор
dr Färnseh
камин
dr Kamin
цветок
d Bluamä
подушка
s Chüssi
диван
s Sofa
ваза
d Vasä
пульт дистанционного управления
d Färnbedienig

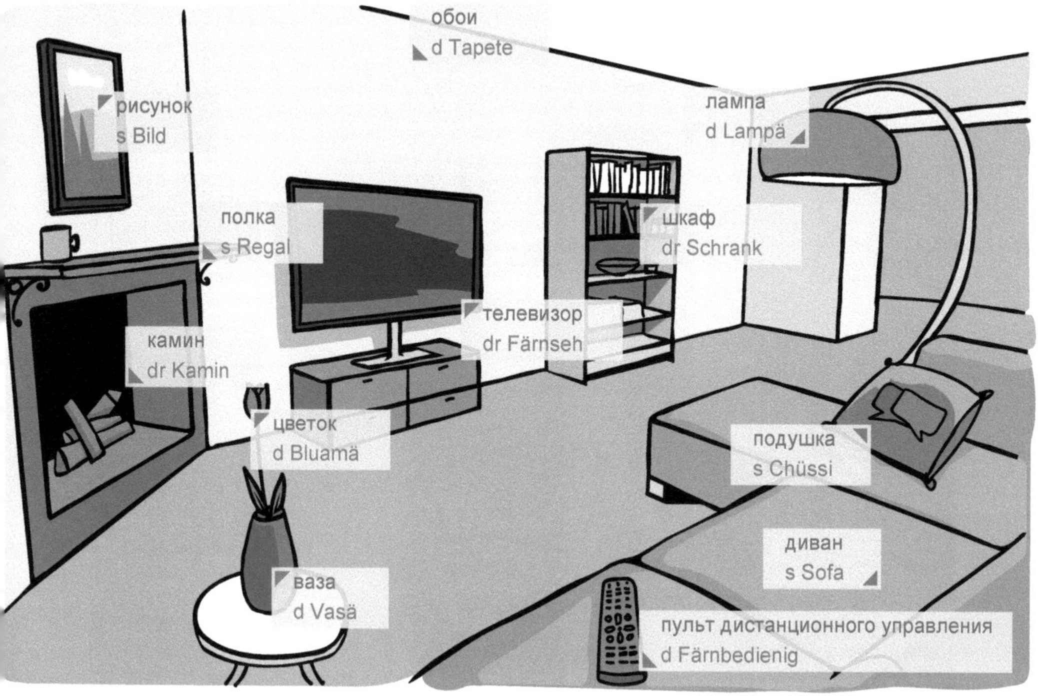

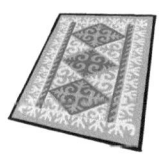

ковёр

dr Teppich

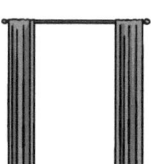

штора

dr Vorhang

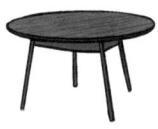

стол

dr Tisch

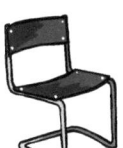

стул

dr Stuehl

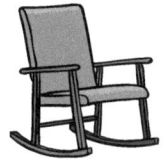

кресло-качалка

dr Schaukelstuehl

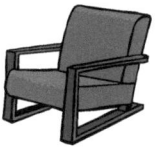

кресло

dr Sässel

книга

s Buech

покрывало

d Decki

украшение

d Dekoration

дрова

s Füürholz

фильм

dr Film

стереосистема

d Stereoaahlag

ключ

dr Schlüssel

газета

d Ziitig

картина

s Bild

плакат

s Poster

радио

s Radio

блокнот

dr Notizblock

пылесос

dr Staubsuuger

кактус

dr Kaktus

свеча

d Chärze

кухня
d Chuchi

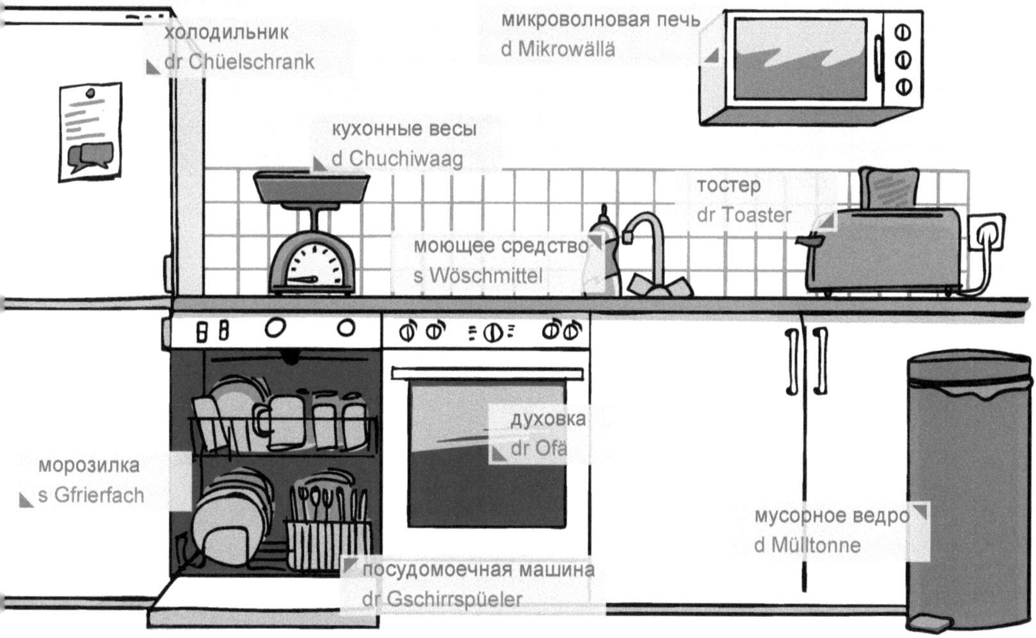
холодильник
dr Chüelschrank
микроволновая печь
d Mikrowällä
кухонные весы
d Chuchiwaag
тостер
dr Toaster
моющее средство
s Wöschmittel
духовка
dr Ofä
морозилка
s Gfrierfach
мусорное ведро
d Mülltonne
посудомоечная машина
dr Gschirrspüeler

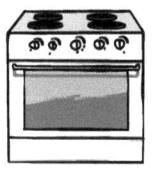

плита
dr Härd

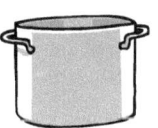

кастрюля
dr Topf

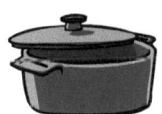

чугунный котелок
dr Iisetopf

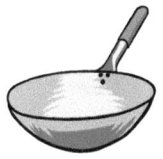

вок / кадай
dr Wok / Kadai

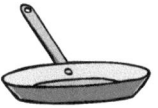

сковорода
d Pfanne

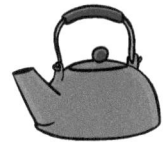

чайник
dr Wasserchocher

пароварка

dr Dampfer

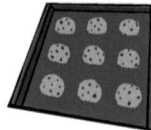

противень

s Bachbläch

посуда

s Gschirr

кружка

dr Bächer

миска

d Schale

палочки для еды

d Stäbli

половник

d Suppechellä

лопатка

dr Pfannewänder

сбивалка

dr Schneebäse

сито

s Sieb

сито

s Sieb

тёрка

d Raffle

ступка

dr Mörser

гриль

dr Grill

костёр

d Füürstell

доска

s Schniidbrätt

скалка

s Nudelholz

штопор

dr Korkäzieher

жестяная банка

d Dosä

консервный нож

dr Dosäöffner

прихватка

dr Topflappä

раковина

s Wöschbecki

щетка

d Bürste

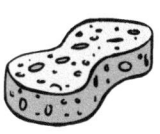

губка

dr Schwumm

миксер

dr Mixer

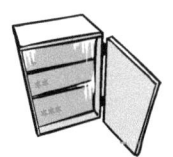

морозильная камера

dr Gfrierschrank

бутылочка для кормления

s Babyfläschli

кран

dr Hahnä

ванная комната
s Badzimmer

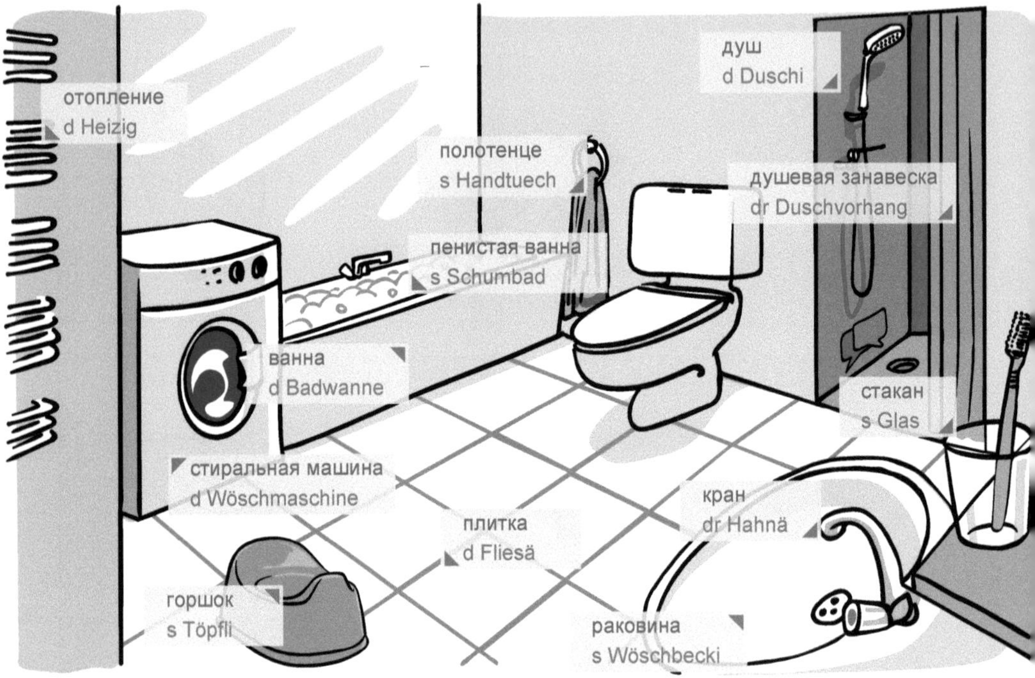

отопление
d Heizig
полотенце
s Handtuech
душ
d Duschi
душевая занавеска
dr Duschvorhang
пенистая ванна
s Schumbad
ванна
d Badwanne
стакан
s Glas
стиральная машина
d Wöschmaschine
кран
dr Hahnä
плитка
d Fliesä
горшок
s Töpfli
раковина
s Wöschbecki

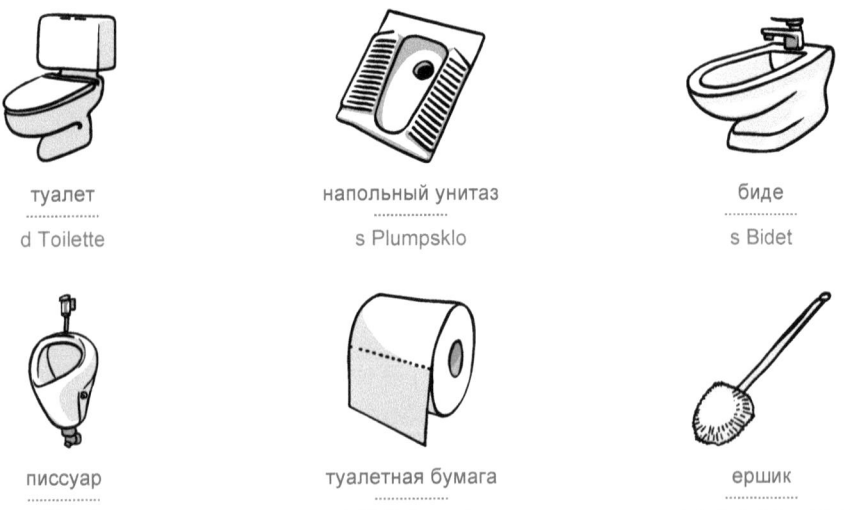

туалет
d Toilette

напольный унитаз
s Plumpsklo

биде
s Bidet

писсуар
s Pissoir

туалетная бумага
ds Toilettepapier

ершик
d Toilettebürschteli

зубная щетка

d Zahbürstä

зубная паста

d Zahpasta

зубная нить

d Zahnsiide

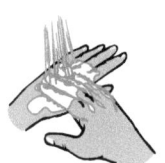

мыть

wäsche

ручной душ

d Handduschi

интимный душ

d Intiimduschi

таз

s Wöschbecki

щетка для спины

d Ruggäbürste

мыло

d Seifä

гель для душа

s Duschgel

шампунь

s Shampoo

мочалка

dr Waschlappä

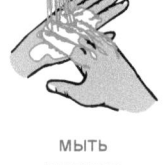

сток

dr Abfluss

крем

d Creme

дезодорант

s Deo

зеркало

dr Spiegel

ручное зеркало

dr Handspiegel

бритва

dr Rasierer

пена для бритья

dr Rasierschuum

лосьон после бритья

s Aftershave

расческа

dr Schträäl

щетка

d Bürstä

фен

dr Föhn

лак для волос

s Hoorspray

косметика

s Makeup

губная помада

dr Lippestift

лак для ногтей

dr Nagellack

вата

d Wattä

маникюрные ножницы

d Nagelscher

духи

s Parfum

косметичка

s Necessaire

табуретка

dr Schemel

весы

d Waag

халат

dr Badmantel

резиновые перчатки

dr Gummihändscheh

тампон

s Tampon

гигиеническая прокладка

d Damebinde

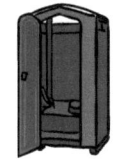

биотуалет

d chemischi Toilette

детская комната
s Chinderzimmer

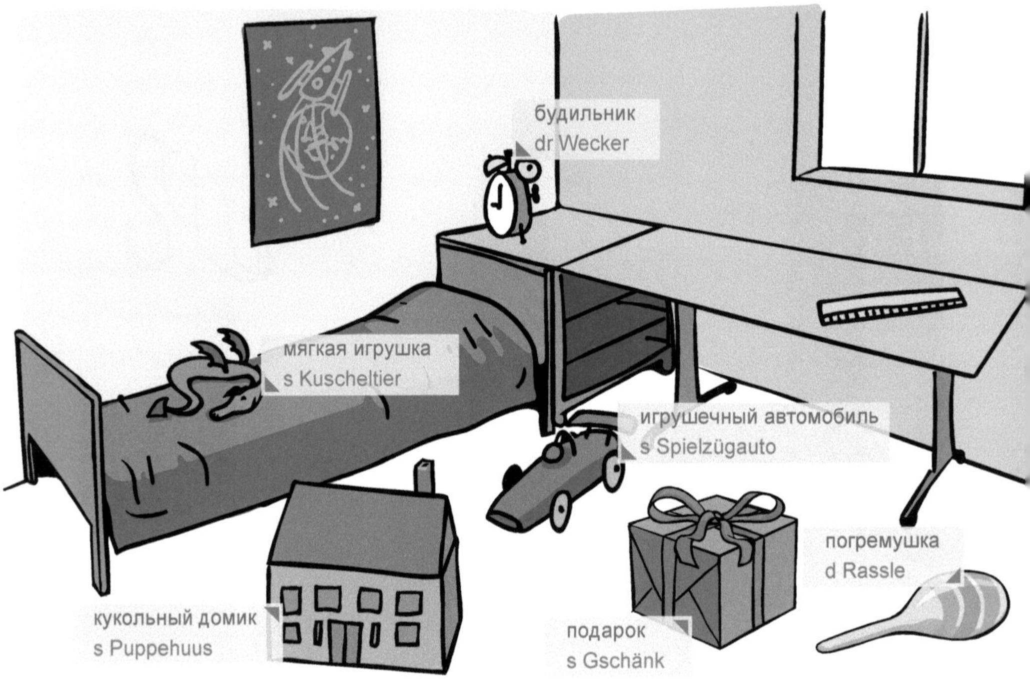

будильник
dr Wecker
мягкая игрушка
s Kuscheltier
игрушечный автомобиль
s Spielzügauto
погремушка
d Rassle
кукольный домик
s Puppehuus
подарок
s Gschänk

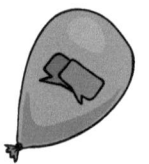

воздушный шар

dr Ballon

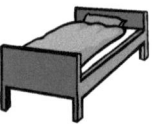

кровать

s Bett

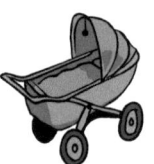

детская коляска

dr Chinderwage

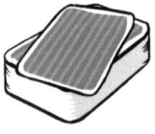

карточная игра

s Chartespiel

пазл

s Puzzle

SUPER
MEGA

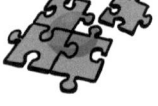

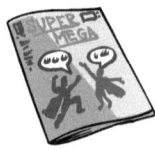

комикс

dr Comic

кирпичики Лего

d Legos

кубики

d Baustei

игрушечная фигурка

d Action Figur

ползунки

s Strampli

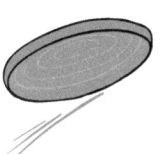

фрисби

s Frisbee

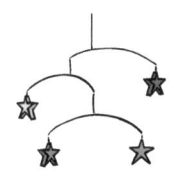

мобиле

s Mobile

настольная игра

s Brättspiel

кубик

dr Würfäl

модель железной дороги

d Modellisebahn

соска

dr Nuggi

вечеринка

d Party

книга с картинками

s Bilderbuch

мяч

dr Ball

кукла

d Puppä

играть

spiele

песочница

dr Sandchaschte

качели

d Gigampfi

игрушка

s Spielzüg

игровая приставка

d Videospielkonsole

трёхколесный велосипед

s Dreirad

плюшевый медвежонок

dr Teddy

шкаф для одежды

dr Chleiderschrank

одежда

d Chleidig

носки

d Sockä

чулки

d Strümpf

колготки

d Strumpfhosä

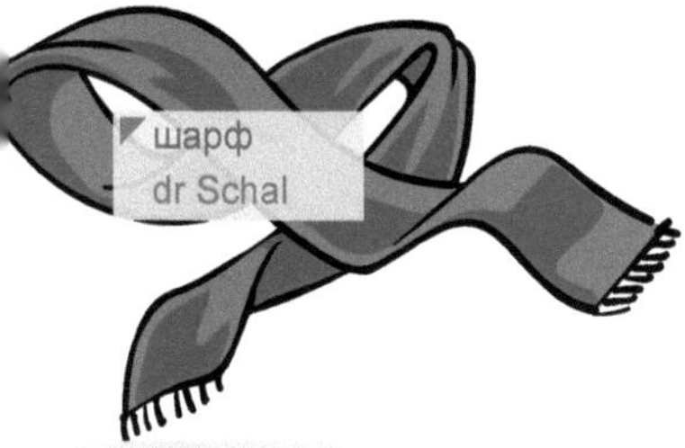

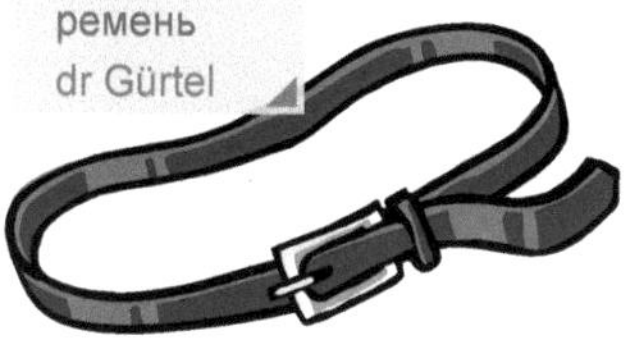

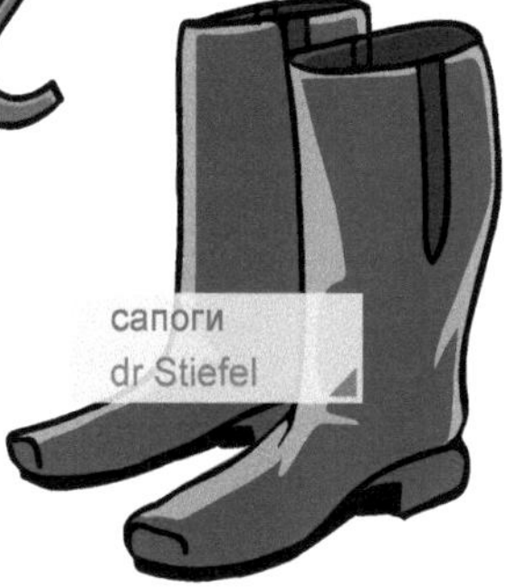

шарф
dr Schal

зонтик
dr Rägeschirm

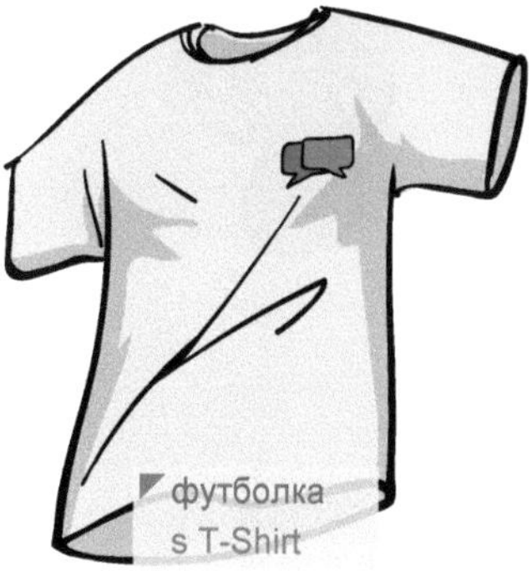

ремень
dr Gürtel

футболка
s T-Shirt

кроссовки
d Turnschueh

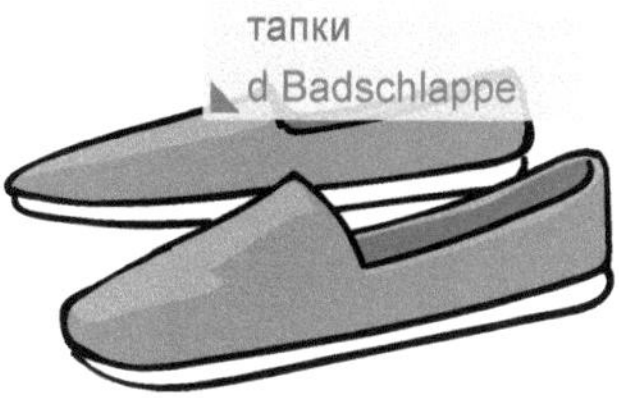

сапоги
dr Stiefel

тапки
d Badschlappe

сандалии
d Sandalä

ботинки
d Schueh

резиновые сапоги
d Gummistiefel

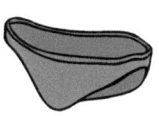

трусы
d Untrhosä

бюстгальтер
dr BH

майка
s Underlibli

боди

dr Body

брюки

d Hosä

джинсы

d Jeans

юбка

dr Rock

блузка

d Bluse

рубашка

s Hömli

свитер

dr Pulli

свитер

dr Kapuzepulli

спортивная куртка

dr Blazer

жакет

d Jacke

пальто

dr Mantel

плащ

dr Rägämantel

костюм

s Chostüm

платье

s Chleid

свадебное платье

s Hochziitskleid

мужской костюм

dr Ahzug

ночная сорочка

s Nachthömli

пижама

s Pyjama

сари

dr Sari

платок

s Chopftuäch

тюрбан

dr Turban

паранджа

d Burka

кафтан

dr Kaftan

абайя

d Abaya

купальник

s Badchleid

плавки

d Badhose

шорты

d churzi Hosä

спортивный костюм

dr Trainer

фартук

d Schürze

перчатки

d Händsche

пуговица

dr Chnopf

очки

d Brüllä

браслет

s Armband

цепочка

d Chetti

кольцо

dr Ring

серьга

dr Ohrering

шапка

d Chappe

вешалка

dr Chleiderbügel

шляпа

dr Huet

галстук

d Grawattä

застежка молния

dr Riissverschluss

шлем

dr Helm

подтяжки

dr Hosäträger

школьная форма

d Schueluniform

форма

d Uniform

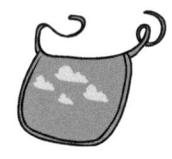

детский нагрудник

s Lätzli

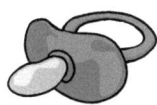

соска

dr Nuggi

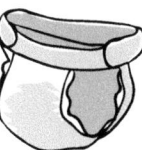

подгузник

d Windle

офис

s Büro

сервер
dr Server
канцелярский шкаф
dr Akteschrank
принтер
dr Drucker
бумага
s Papier
монитор
dr Monitor
мышь
d Muus
письменный стол
dr Schribtisch
папка
dr Ordner
клавиатура
d Taschtatur
корзина для бумаг
dr Papierchorb
компьютер
dr Computer
стул
dr Stuehl

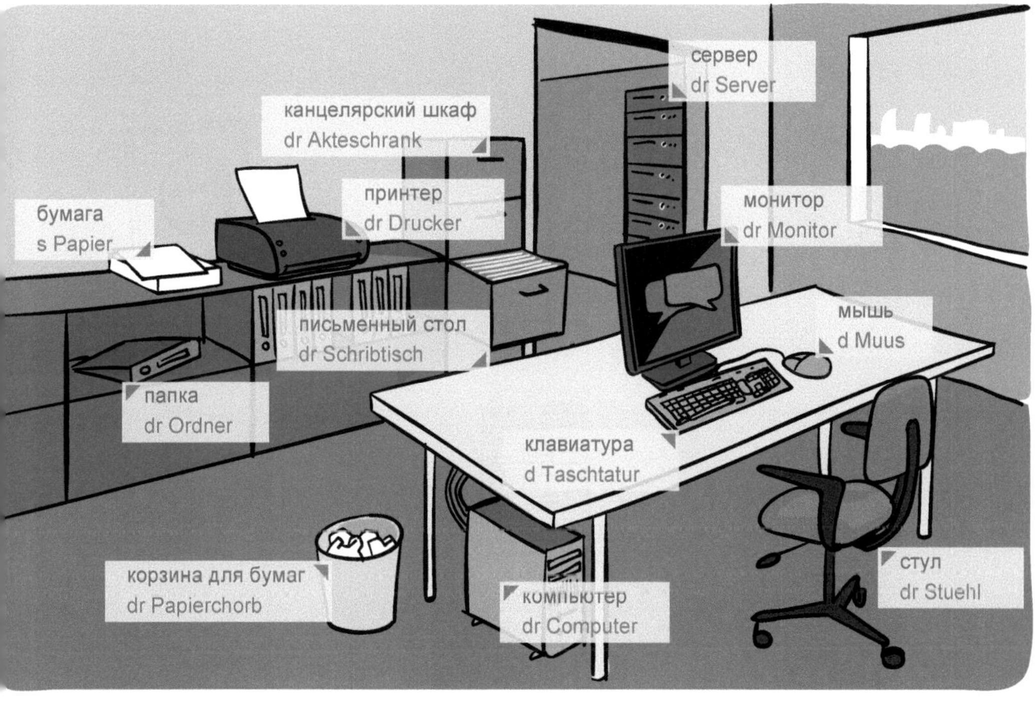

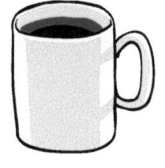

кофейная кружка

dr Kafibächer

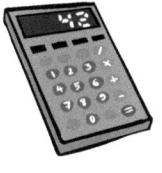

калькулятор

dr Tascherächner

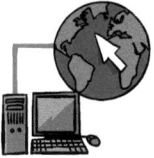

интернет

s Internet

ноутбук

dr Laptop

письмо

dr Brief

сообщение

d Nochricht

мобильный телефон

s Mobiltelefon

сеть

s Netzwärk

ксерокс

dr Kopierer

программа

d Software

телефон

s Telefon

розетка

d Steckdosä

факс

s Fax

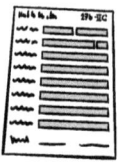

формуляр

s Formular

документ

s Dokumänt

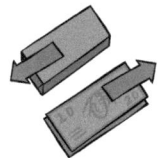

покупать

chaufe

платить

zahle

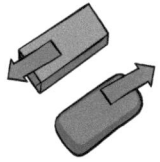

торговать

handle

деньги

s Gäld

доллар

dr Dollar

евро

dr Euro

иена

dr Yen

рубль

dr Rubel

франк

dr Frankä

жэньминьби юань

dr Renminbi Yuan

рупия

d Rupie

банкомат

dr Gäldautomat

пункт обмена валюты

d Wächselstube

золото

s Gold

серебро

s Silber

нефть

s Öl

энергия

d Energie

цена

dr Preis

договор

dr Vertrag

налог

d Stüür

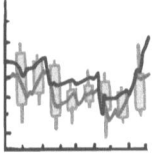

акция

d Aktie

работать

schaffe

служащий

dr Mitarbeiter

работодатель

dr Arbeitgeber

фабрика

d Fabrik

магазин

s Gschäft

профессии
d Brüef

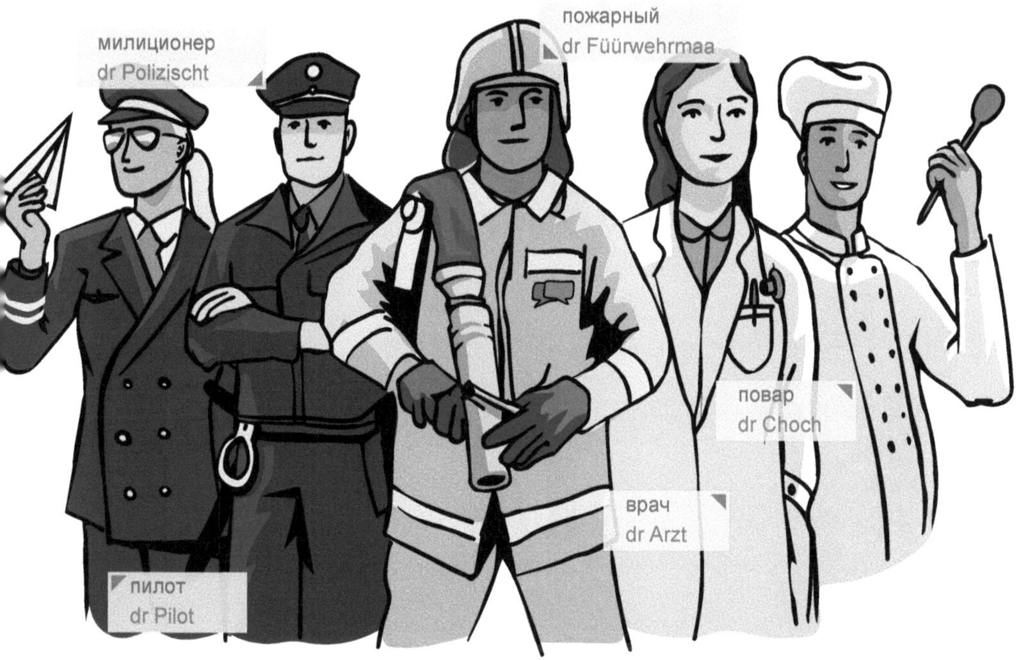
милиционер
dr Polizischt
пожарный
dr Füürwehrmaa
повар
dr Choch
врач
dr Arzt
пилот
dr Pilot

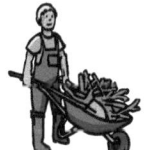

садовник

dr Gärtner

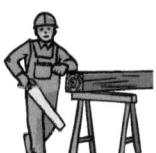

столяр

dr Zimmermah

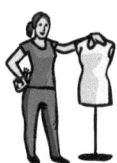

швея

d Näheri

судья

dr Richter

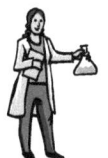

химик

dr Chemiker

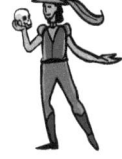

актёр

dr Darsteller

водитель автобуса

dr Busfahrer

таксист

dr Taxifahrer

рыбак

dr Fischer

уборщица

d Putzfrau

кровельщик

dr Dachdecker

официант

dr Chällner

охотник

dr Jäger

художник

dr Moler

пекарь

dr Bäcker

электрик

dr Elektriker

строитель

dr Bauarbeiter

инженер

dr Ingenieur

мясник

dr Schlachter

сантехник

dr Klämpner

почтальон

dr Pöschtler

солдат

dr Soldat

архитектор

dr Architekt

кассир

dr Kassierer

флорист

dr Florischt

парикмахер

dr Frisör

кондуктор

dr Kontrolleur

механик

dr Mechaniker

капитан

dr Kapitän

зубной врач

dr Zahnarzt

ученый

dr Wüsseschaftler

раввин

dr Rabbi

имам

dr Imam

монах

dr Mönch

священник

dr Pfarrer

инструменты
d Werkzüüg

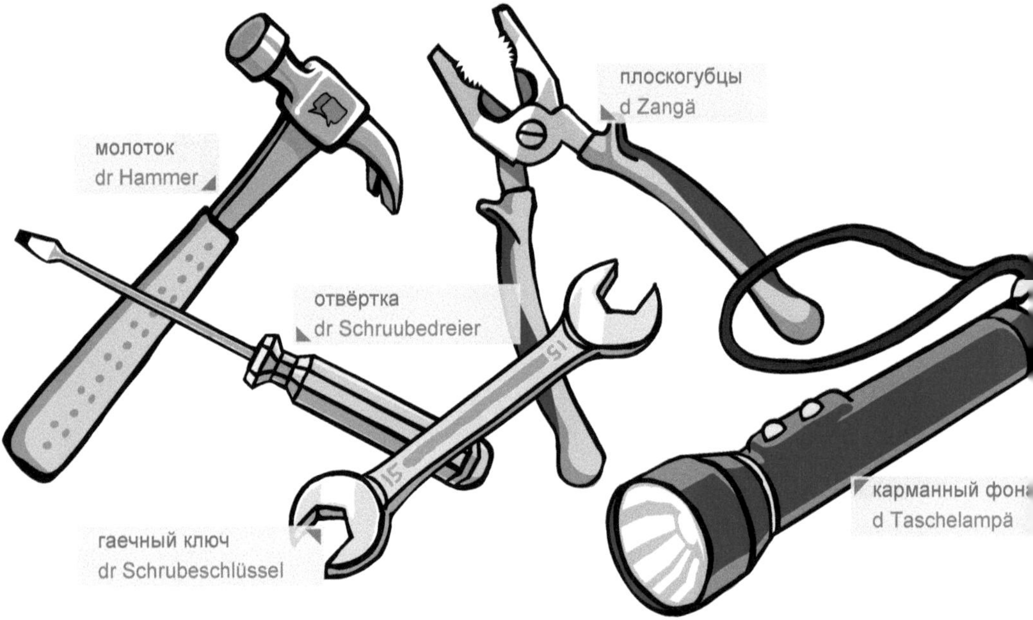
молоток
dr Hammer
плоскогубцы
d Zangä
отвёртка
dr Schruubedreier
карманный фон
d Taschelampä
гаечный ключ
dr Schrubeschlüssel

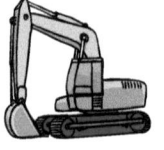

экскаватор

dr Bagger

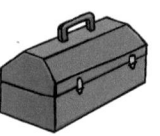

ящик для инструментов

dr Werkzüügchaschte

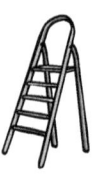

стремянка

d Leitere

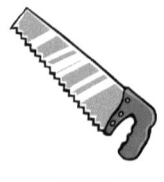

пила

d Sagi

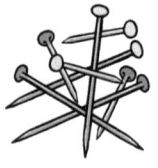

гвозди

d Negel

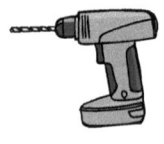

дрель

dr Bohrer

ремонтировать

flicke

лопата

d Schufle

Блин!

Mischt!

совок

d Ascheschufle

ведро с краской

dr Farbchübel

винты

d Schruube

музыкальные инструменты
d Musiginstrumänt

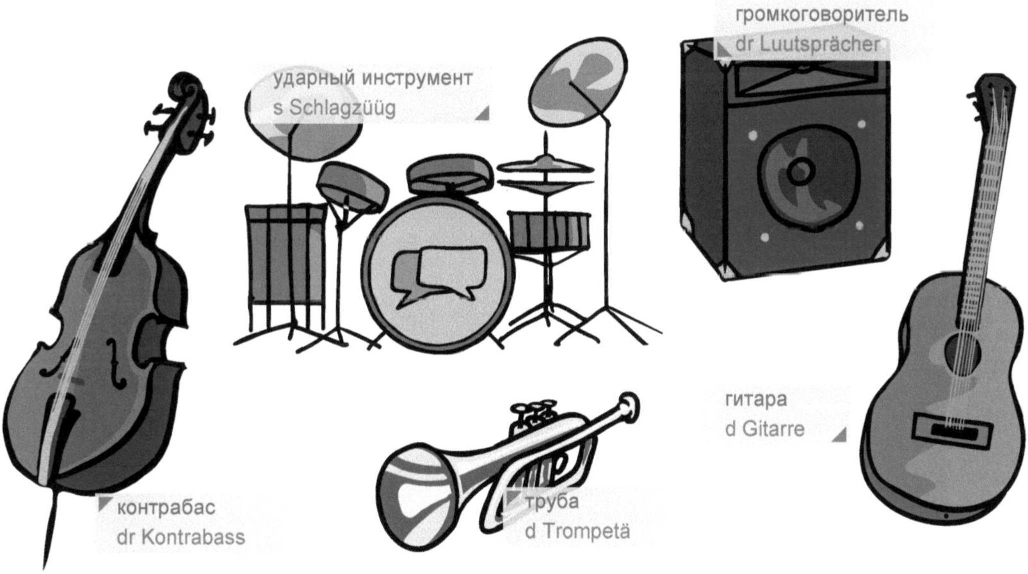

ударный инструмент
s Schlagzüüg

громкоговоритель
dr Luutsprächer

гитара
d Gitarre

контрабас
dr Kontrabass

труба
d Trompetä

пианино

s Klavier

скрипка

d Violine

бас-гитара

dr Bass

литавры

d Pauke

барабан

d Trummle

синтезатор

s Keyboard

саксофон

s Saxophon

флейта

d Flöte

микрофон

s Mikrofon

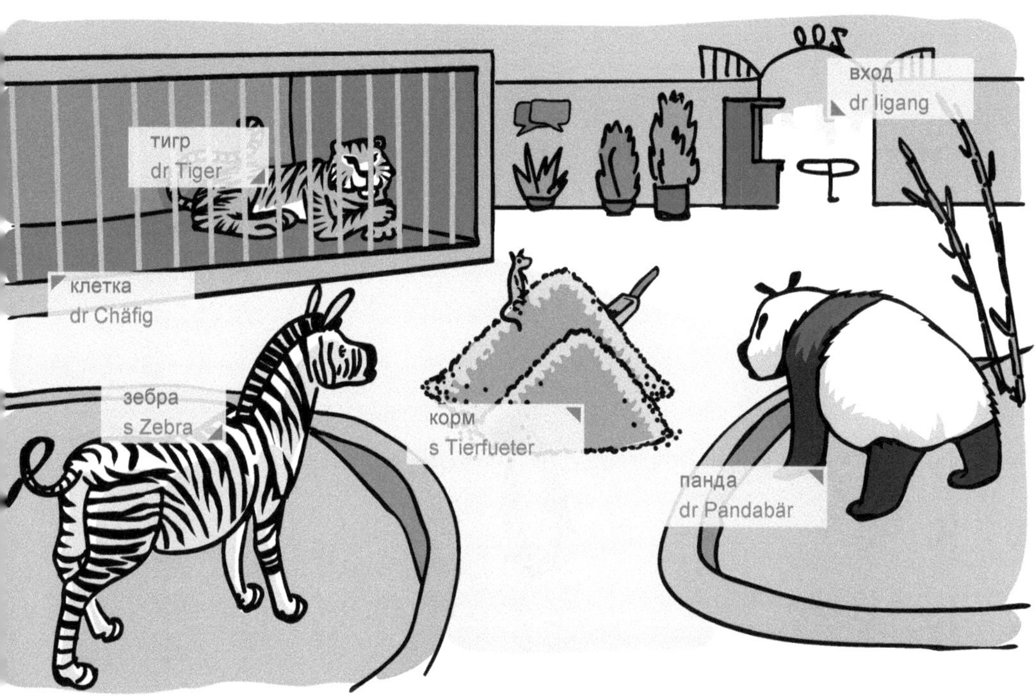

тигр
dr Tiger

вход
dr Iigang

клетка
dr Chäfig

зебра
s Zebra

корм
s Tierfueter

панда
dr Pandabär

животные
d Tier

слон
dr Elefant

кенгуру
s Känguru

носорог
s Nashorn

горилла
dr Gorilla

медведь
dr Bär

верблюд

s Kamel

страус

dr Struss

лев

dr Leu

обезьяна

dr Aff

фламинго

dr Flamingo

попугай

dr Papagei

белый медведь

dr Iisbär

пингвин

dr Pinguin

акула

dr Hai

павлин

dr Pfau

змея

d Schlangä

крокодил

s Krokodil

служитель зоопарка

dr Zoowärter

тюлень

d Robbä

ягуар

dr Jaguar

пони

s Pony

леопард

dr Leopard

бегемот

s Nilpfärd

жираф

d Giraff

орёл

dr Adler

кабан

s Wildschwein

рыба

dr Fisch

черепаха

d Schildkrot

морж

s Walross

лиса

dr Fuchs

газель

d Gazelle

американский футбол
s American Football

езда на велосипеде
s Velofahre

теннис
s Tennis

баскетбол
dr Basketball

плавание
s Schwümmä

бокс
s Boxä

хоккей
s Iishockey

футбол

dr Fuessball

бадминтон

s Badminton

лёгкая атлетика

d Liechtathletik

гандбол

dr Handball

лыжный спорт

s Skifahre

поло

s Polo

прыгать
springä

обнимать
umarme

смеяться
lachä

идти
gah

петь
singe

молиться
bätte

целовать
küssä

мечтать
troime

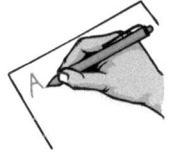

писать
schribe

рисовать
zeichne

показывать
zeige

нажимать
schiebe

давать
gäh

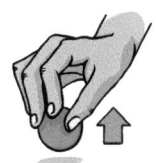

брать
näh

иметь

händ

делать

mache

быть

sy

стоять

stah

бежать

laufe

тянуть

zieh

бросать

rüerä

падать

fallä

лежать

ligge

ждать

warte

носить

träge

сидеть

sitze

надевать

ahzieh

спать

schlafe

просыпаться

ufwache

рассматривать

ahluege

плакать

brüele

гладить

striichle

причесывать

bürste

говорить

redä

понимать

verschtah

спрашивать

froog

слушать

lose

пить

trinke

кушать

ässe

наводить порядок

ufruume

любить

liebe

готовить

chochä

ехать

fahre

летать

flüge

ходить под парусом

segle

считать

rächne

читать

läse

учиться

leerä

работать

schaffe

вступать в брак

hürate

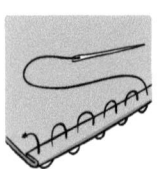

шить

näije

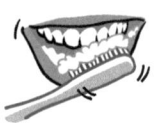

чистить зубы

Zäh putze

убивать

töte

курить

schlootä

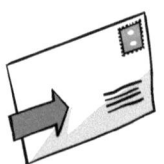

отправлять

sände

семья

d Familiä

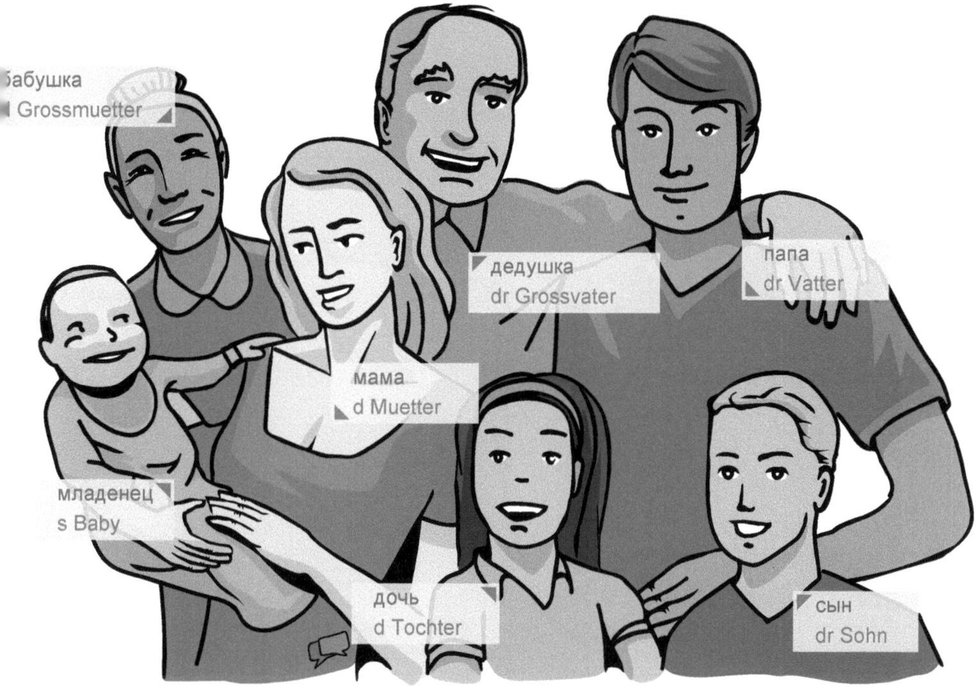

бабушка
d Grossmuetter
дедушка
dr Grossvater
папа
dr Vatter
мама
d Muetter
младенец
s Baby
дочь
d Tochter
сын
dr Sohn

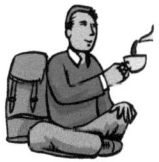

гость

dr Gast

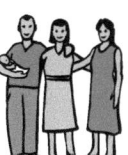

тетя

d Tante

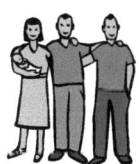

дядя

dr Unkel

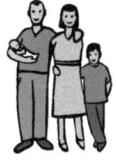

брат

dr Brüeder

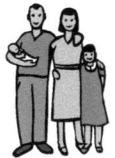

сестра

d Schwöschter

тело

dr Körpär

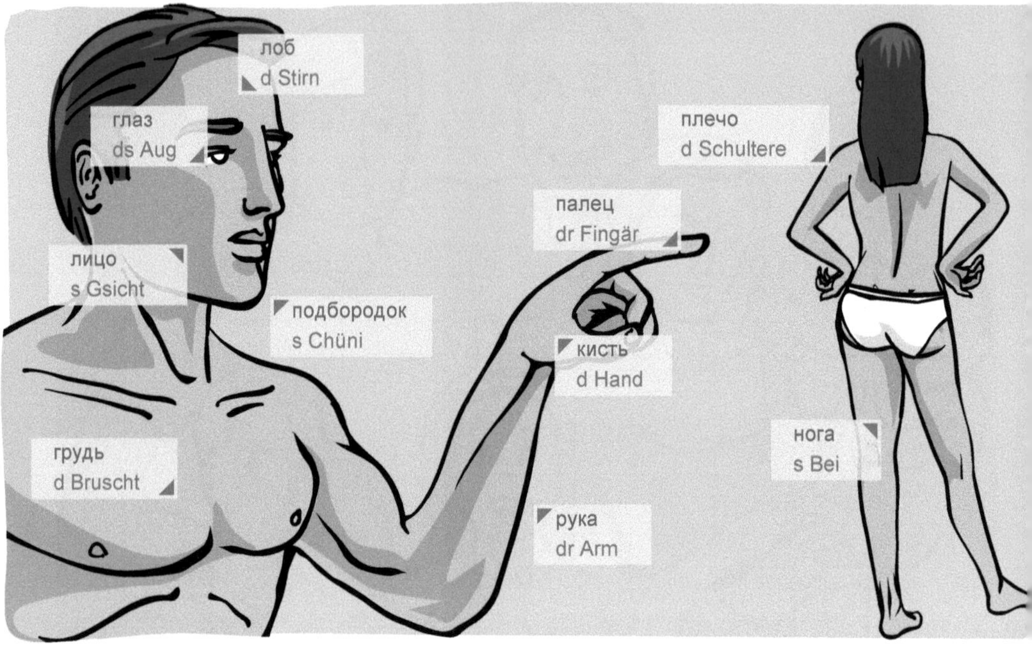

лоб
d Stirn
глаз
ds Aug
плечо
d Schultere
палец
dr Fingär
лицо
s Gsicht
подбородок
s Chüni
кисть
d Hand
нога
s Bei
грудь
d Bruscht
рука
dr Arm

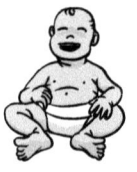

младенец

s Baby

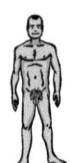

мужчина

dr Mah

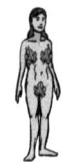

женщина

d Frau

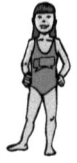

девочка

s Meitli

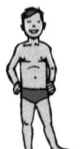

мальчик

dr Bueb

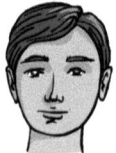

голова

dr Chopf

спина

dr Ruggä

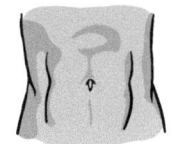

живот

dr Buuch

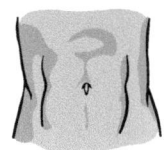

пупок

dr Buchnabel

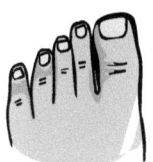

палец ноги

dr Zäche

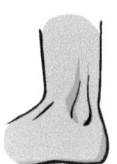

пятка

d Fersä

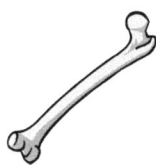

кость

d Knoche

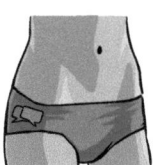

бедро

d Hüfte

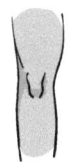

колено

s Chnü

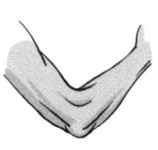

локоть

dr Ellbogä

нос

d Nase

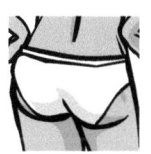

ягодицы

s Füdli

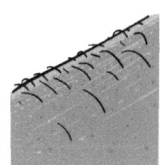

кожа

d Hut

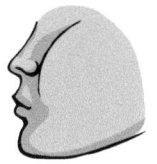

щека

d Bagge

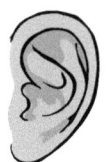

ухо

s Ohr

губа

d Lippe

рот

s Muul

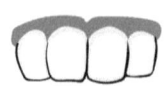

зуб

dr Zah

язык

d Zungä

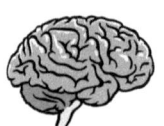

мозг

s Hirni

сердце

s Härz

мышца

dr Muskel

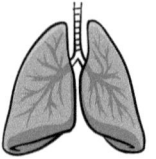

лёгкое

d Lungä

печень

d Läberä

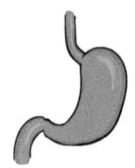

желудок

dr Magen

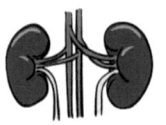

почки

d Nierä

половой акт

dr Gschlächtsvrkehr

презерватив

s Kondom

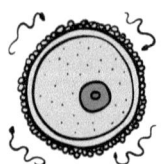

яйцеклетка

d Eizälle

сперма

dr Soome

беременность

d Schwangerschaft

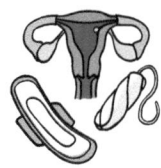

менструация

d Menstruation

вагина

d Vagina

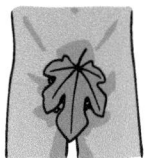

пенис

dr Penis

бровь

d Augebrauä

волосы

s Haar

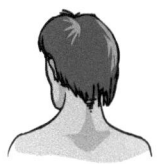

шея

dr Hals

больница
s Spital

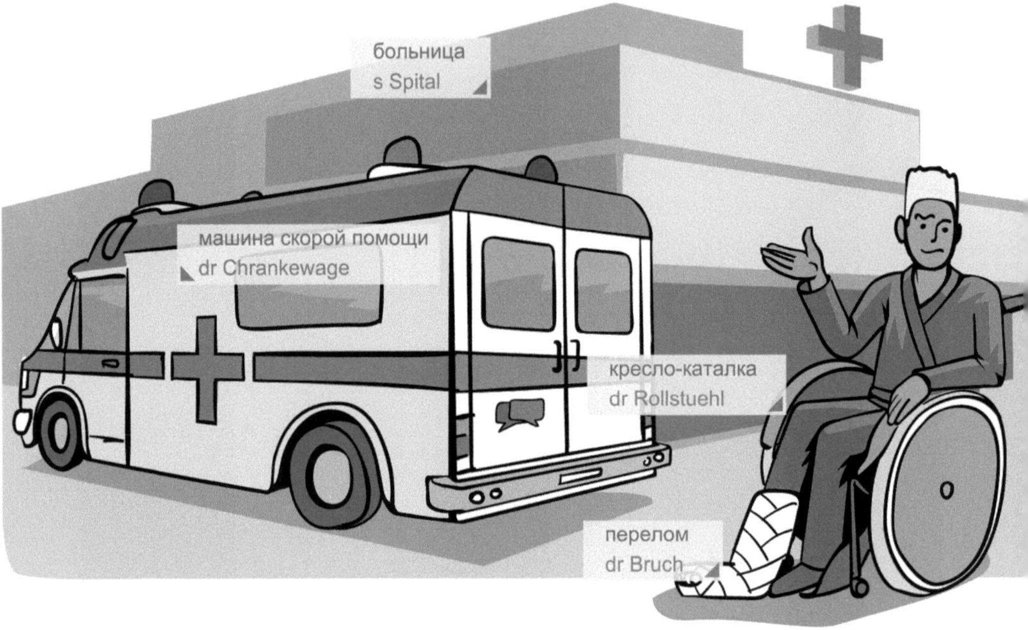

больница
s Spital
машина скорой помощи
dr Chrankewage
кресло-каталка
dr Rollstuehl
перелом
dr Bruch

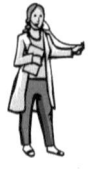

врач

dr Arzt

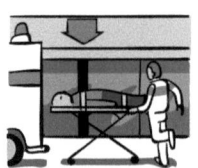

пункт первой помощи

d Notufnahm

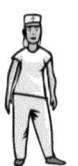

медсестра

d Chrankeschwöschter

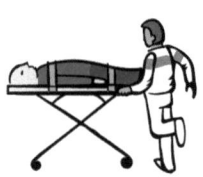

неотложный случай

dr Notfall

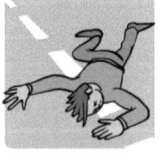

без сознания

ohnmächtig

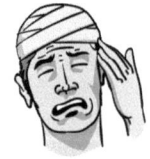

боль

dr Schmärz

повреждение

d Verletzig

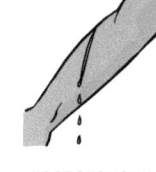

кровотечение

d Bluätig

инфаркт

dr Härzinfarkt

инсульт

dr Schlagahfall

аллергия

d Allergie

кашель

dr Hueschtä

повышенная температура

s Fieber

грипп

d Grippe

понос

dr Durchfall

головная боль

d Kopfschmärze

рак

dr Kräbs

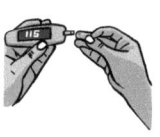

диабет

dr Diabetes

хирург

dr Chirurg

скальпель

s Skalpell

операция

d Operation

КТ

s CT

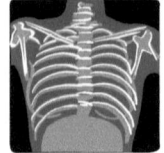

рентген

s Röntgä

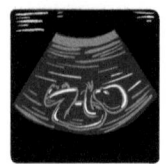

ультразвук

s Ultraschall

маска

d Gsichtsmaske

болезнь

d Krankhet

приёмная

s Wartezimmer

костыль

d Krückä

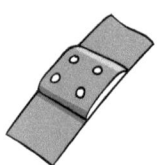

пластырь

s Pflaster

бинт

dr Vrband

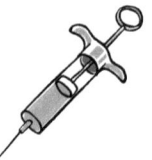

укол

d Injektion

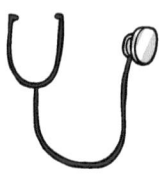

стетоскоп

s Stethoskop

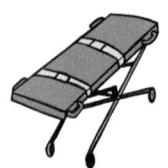

носилки

d Trage

термометр

s Thermometer

рождение

d Geburt

избыточный вес

s Übergwicht

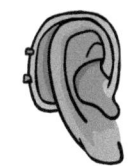

слуховой аппарат

s Hörgrät

дезинфекционное средство

s Desinfektionsmittel

инфекция

d Infektion

вирус

s Virus

ВИЧ / СПИД

s HIV / AIDS

лекарство

d Medizin

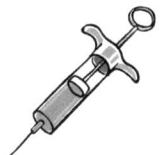

прививка

d Impfig

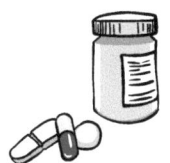

таблетки

d Tablette

противозачаточная таблетка

d Pille

экстренный вызов

dr Notruef

прибор для измерения кровяного давления

s Bluetdruck-Mässgrät

больной / здоровый

chrank / gsund

больница - s Spital

Помогите!

Hiufe!

сигнал тревоги

dr Alarm

нападение

dr Überfall

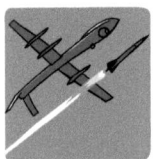

атака

dr Ahgriff

опасность

d Gfohr

запасной выход

dr Notuusgang

Пожар!

Füür!

огнетушитель

dr Füürlöscher

несчастный случай

dr Unfall

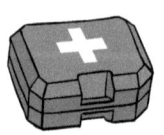

аптечка

dr Ersti-Hilf-Koffer

SOS

SOS

милиция

d Polizei

Европа

s Europa

Северная Америка

s Nordamerika

Южная Америка

s Südamerika

Африка

s Afrika

Азия

s Asie

Австралия

s Auschtralie

Атлантический океан

dr Atlantik

Тихий океан

dr Pazifik

Индийский океан

dr Indische Ozean

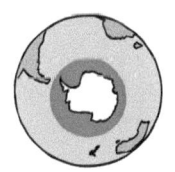

Антарктический океан

dr Antarktische Ozean

Северный Ледовитый океан

dr Arktische Ozean

Северный полюс

dr Nordpol

Южный полюс

dr Südpol

Антарктика

d Antarktis

земля

d Ärde

суша

s Land

море

s Meer

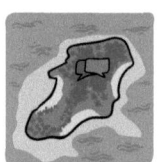

остров

d Inslä

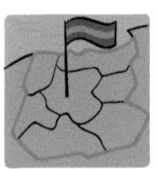

нация

d Nation

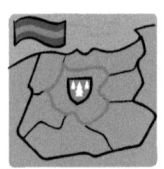

государство

dr Staat

циферблат

s Ziffereblatt

часовая стрелка

dr Stundezeiger

минутная стрелка

dr Minutezeiger

секундная стрелка

dr Sekundezeiger

Который час?

Wie spaht isch es?

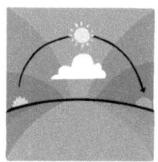

день

dr Tag

время

d Zit

сейчас

jetzt

электронные часы

d Digitaluhr

минута

d Minute

час

d Stunde

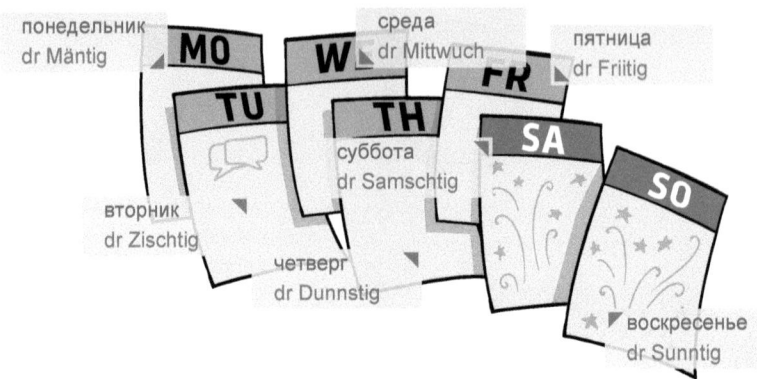

понедельник
dr Mäntig

среда
dr Mittwuch

пятница
dr Friitig

вторник
dr Zischtig

суббота
dr Samschtig

четверг
dr Dunnstig

воскресенье
dr Sunntig

вчера

geschter

сегодня

hüt

завтра

morn

утро

dr Morgä

полдень

dr Mittag

вечер

dr Aabig

рабочие дни

d Wärktag

выходные

s Wuchenänd

год

s Johr

дождь
dr Räge
радуга
dr Rägeboge
снег
dr Schnee
ветер
dr Wind
весна
dr Früelig
осень
dr Herbscht
лето
dr Summer
зима
dr Winter

4.APRIL 11°
5.APRIL 4°
6.APRIL 13°
7.APRIL 8°
8.APRIL 10°

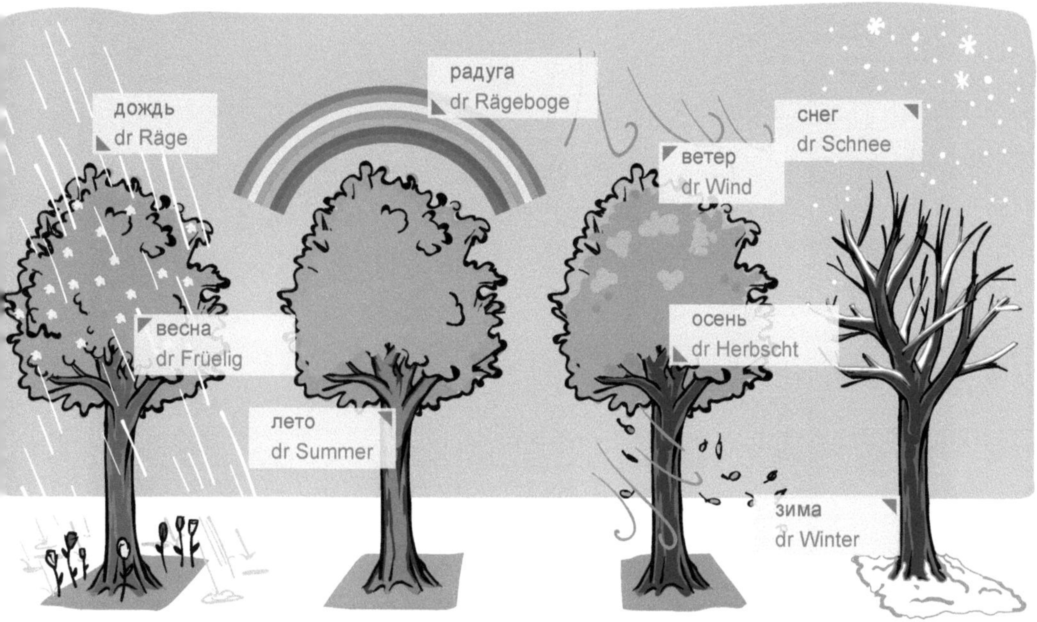

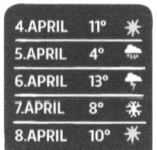

прогноз погоды
....
d Wättervorhärsag

F C
120 40
90 30
60 20
30 10
0 0
-30 -10
-20

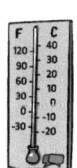

термометр
....
s Thermometer

солнечный свет
....
dr Sunneschiin

туча
....
d Wolkä

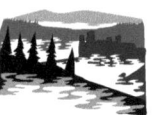

туман
....
d Näbel

влажность воздуха
....
d Fiechtigkeit

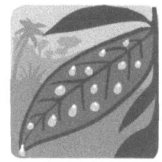

молния

dr Blitz

гром

dr Dunner

буря

dr Sturm

град

d Hagel

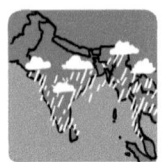

муссон

dr Monsun

наводнение

d Fluet

лёд

s Iis

январь

dr Januar

февраль

dr Februar

март

dr März

апрель

dr April

май

dr Mai

июнь

dr Juni

июль

dr Juli

август

dr Auguscht

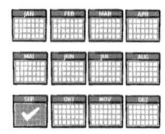

сентябрь

dr Septämber

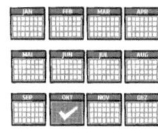

октябрь

dr Oktober

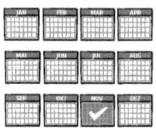

ноябрь

dr Novämber

декабрь

dr Dezämber

формы
d Forme

круг

dr Kreis

квадрат

s Quadrat

прямоугольник

s Rächteck

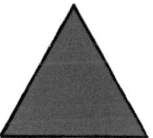

треугольник

s Dreieck

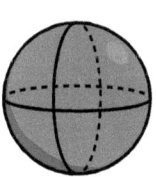

шар

d Chugele

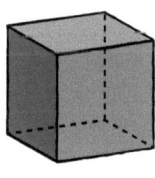

куб

dr Würfel

белый

wiss

желтый

gäl

оранжевый

orange

розовый

pink

красный

rot

лиловый

liila

синий

blau

зелёный

grüen

коричневый

bruun

серый

grau

черный

schwarz

много / мало

viel / wenig

яростный / мирный

hässig / ruhig

красивый / уродливый

hübsch / hässlich

начало / конец

dr Ahfang / s Ändi

большой / маленький

gross / chli

светлый / темный

hell / dunkel

брат / сестра

dr Brüeder / d Schwöschter

чистый / грязный

suuber / dräckig

полный / неполный

vollständig / unvollständig

день / ночь

dr Tag / d Nacht

мёртвый / живой

tot / läbig

широкий / узкий

breit / schmal

съедобный / несъедобный

ässbar / nid ässbar

злой / дружелюбный

bös / fründlich

взволнованный /
скучающий
uffreggt / glangwilt

толстый / худой

dick / dünn

сначала / в конце

zerscht / zletscht

друг / враг

dr Fründ / dr Find

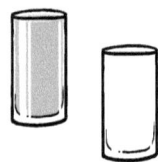

полный / пустой

voll / läär

твёрдый / мягкий

hart / weich

тяжёлый / легкий

schwer / liecht

голод / жажда

dr Hunger / dr Durscht

больной / здоровый

chrank / gsund

незаконный / законный

illegal / legal

умный / глупый

intelligänt / gatz

слева / справа

links / rächts

близко / далеко

nöch / wiit weg

новый / подержанный

neu / bruucht

ничто / нечто

nüt / öpis

старый / молодой

alt / jung

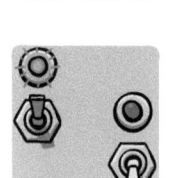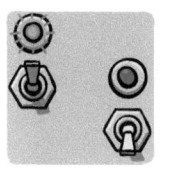

включено / выключено

ah / uss

открыто / закрыто

offe / zue

тихо / громко

lislig / luut

богатый / бедный

riich / arm

правильный /
неправильный

richtig / falsch

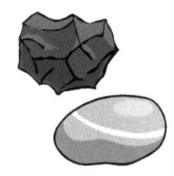

шероховатый / гладкий

rau / glatt

печальный / счастливый

truurig / glücklich

короткий / длинный

churz / lang

медленный / быстрый

langsam / schnäll

мокрый / сухой

nass / trochä

тёплый / прохладный

warm / chalt

война / мир

dr Chrieg / dr Friede

цифры

d Zahlä

0
ноль
Null

1
один
eis

2
два
zwei

3
три
drü

4
четыре
vier

5
пять
foif

6
шесть
sächs

7
семь
sibe

8
восемь
acht

9
девять
nün

10
десять
zäh

11
одиннадцать
elf

12

двенадцать

zwölf

13

тринадцать

drizäh

14

четырнадцать

vierzäh

15

пятнадцать

füfzäh

16

шестнадцать

sächzäh

17

семнадцать

siebzäh

18

восемнадцать

achtzäh

19

девятнадцать

nünzäh

20

двадцать

zwänzg

100

сто

Hundert

1.000

тысяча

Tuusig

1.000.000

миллион

Million

английский

Änglisch

американский английский

Amerikanischs Änglisch

мандаринский китайский

Chinesisch Mandarin

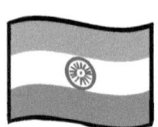

хинди

Hindi

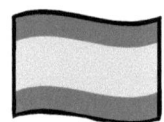

испанский

Spanisch

французский

Französisch

арабский

Arabisch

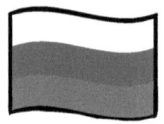

русский

Russisch

португальский

Portugiesisch

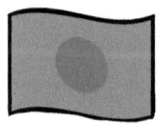

бенгальский

Bengalisch

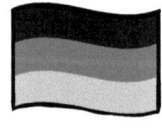

немецкий

Dütsch

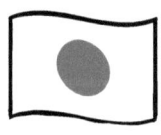

японский

Japanisch

я
ich

ты
du

он / она / оно
är / sie / es

мы
mir

вы
ihr

они
sie

кто?
wär?

что?
was?

как?
wie?

где?
wo?

когда?
wänn?

имя
Name

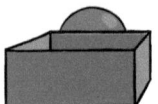

за
hinder

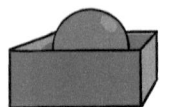

в
in

перед
vor

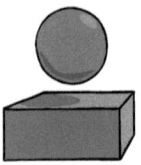

над
über

на
uf

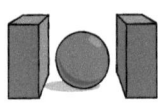

под
under

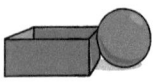

рядом
näbe

между
zwüsche

место
dr Ort